www.ingramcontent.com/pod-product-compliance
Lightning Source LLC
LaVergne TN
LVHW020931200726

843506LV00011B/1930

أجمل ما قيل

عن الحب

كتاب	:	أجمل ما قيل عن الحب
اسم المؤلف	:	علاء فرحات
نوع العمل	:	خواطر
عدد الصفحات	:	80صفحة
غلاف	:	مي مجدي
تدقيق لغوي	:	أ/منى ذكي موسى
إخراج فني	:	مريم محمد سيد
رقم إيداع	:	
ترقيم دولي I.S.B.N	:	9787056897570

نبض القمة للترجمة

جمهورية مصر العربية ــ القاهرة

مدير الدار: أ/ وليد عاطف حسني

موبايل: 01116058384

الميل: nabdalqima@gmail.com

أجمل ما قيل عن الحب

علاء فرحات

خواطر

بسم الله الرحمن الرحيم

"من يهد الله فهو المهتدي ومن يضلل فأولئك هم الخاسرون"

صدق الله العظيم
سورة الأعراف، الآية ١٧٨

إذا أحبك الله نصرك، وأجاب دعاك، وأزاح همك وغمك، وألقى في قلوب الناس حبك.. اللهم ارزقنا حبك، وحب من يحبك، وحب كل عمل صالح يقربنا إلى حبك

الباب الأول: الحب في الإسلام

أما القريب فقال: ﴿اقْتُلُوا يُوسُفَ﴾

وأمَّا الغريب فقال: ﴿أَكْرِمِي مَثْوَاهُ﴾

إنَّ الحب رزق، وإنك لا تعرفُ في أي قلبٍ رزقك، وأجمل ما قيل عن الحُب قول الرسول ﷺ:

"يا عائشة إنه لَيُهَوِّنُ عليَّ الموت أني قد رأيتك زوجتي في الجنة!"

اللهم ارزقنا حبك، وحب من يحبك، وحب كل عمل يقربنا إلي حبك، الحب هو جنة الدنيا، ونعيم الحياة، إنه الأمل الذي يرجوه كل إنسان، والسعادة الحقيقة التي يتمناها كل منا؛ لتشرق على النفس، فيتبدد خوفها أمنا، الحب هو اللحن الجميل الذي تعزفه نبضات القلوب، فما من شجرة إلا وهزتها الرياح، وما من من قلب إلا وهزه الحب.

وأعظم ما جاء عن الحب.. كان الحب في الإسلام.

الحـب:

هو الزبير يسمع بإشاعة مقتل النبي ﷺ، فيخرج يجر سيفه في طرق مكة، وهو ابن الخامسة عشرة، ليكون سيفه أول سيف سل في الإسلام.

الحب:

هو امرأة بني دينار، حين يخرج زوجها و أبوها وأخوها إلى أحد، فيستشهدون جميعاً في سبيل الله، و ينعون لها، فترى رسول الله ﷺ فتقول: كل مصيبة بعدك جلل.

الحب:

حرفيا وفعليا يتجسد في قول الرسول ﷺ:

"لا تؤذوني في عائشة".

الحب:

عندما يقول الصديق للرسول ﷺ قبل دخول الغار:

"والله لا تدخله حتى أدخل قبلك، فإذا كان فيه شيء أصابني دونك"

الحب:

هو بلال حين يعتزل الأذان بعد رحيل الرسول ﷺ، فلما أذن بطلب من عمر عند فتح بيت المقدس، لم ير يوما كان أكثر بكاءا منه عندما قال أشهد أن محمداً رسول الله.

الحب:

عندما قال أبو بكر:

كنا في الهجرة، فجئت بمذقة لبن فناولتها لرسول الله وقلت له: اشرب يا رسول الله.

يقول أبو بكر : فشرب النبي حتى ارتويت.

الحب:

هو ثوبان حين يسأله الرسول: ما غير لونك؟

فيقول: ما بي مرض و لا وجع إلا أني إذا لم أرك استوحشت وحشة شديدة حتى ألقاك.

الحب:

هو ربيعة بن كعب حين يسأله رسول الله ﷺ: ما حاجتك؟

فيقول: أسألك مرافقتك في الجنة.

يارب إذا كان عفوك يمحو الذنوب، فكيف ودك؟.. وإذا كان ودك يضيءُ القلوب، فكيف حبك؟.. وإذا كان حبك يدهش العقول، فكيف قربك؟.. وإذا كان قربك يزيل الهموم، فكيف النظر إلى وجهك؟..

اللهم إني أسألك لي ولمن أحببناهم فيك عفوك، وودك، وحبك، وقربك، والعتق من النار، ولذة النظر إلى وجهك الكريم.

هذا دعائي إلى من أحبهم وأعزهم، لهم في النفس احتراما، وفي القلب إجلالا، وفي الوجود تميزا، وفي العين تقديرا، يتميزون بصفاء القلوب، والكلمة الطيبة.

من كسب حب الأخوة عاش أحلى الأزمان، ومن كسب أحبة مثلكم نسي كل الأحزان، اللهم اجعلنا مع الأحبة في جنتك، وارزقنا يا ربنا محبتك، اللهم لنا أحباب بالبسمة نحبهم، وبالود نذكرهم، وبالشوق نراسلهم، وبظهر الغيب ندعوا لهم، وفي القلب والروح نحتفظ بهم، فيا رب احفظهم أينما كانوا، واجعل عمرهم مديد، وصباحهم سعيد، وأيامهم عيد، إنك على كل شيء قدير.

الباب الثاني: الحب في الله

الحب في الله.. سفينة مبحرة في نهر الإخاء، مرساها عند أبواب الجنة، يقول ابن القيم:

"إذا تقاربت القلوب فلا يضر تباعد الأبدان"، والمحبين كالجواهر المصونة، لا نراهم دائما، ولكن نبحث عنهم كل وقت وكل حين، إن الحب كلمة يصعب فك رموزها، ولا يستطيع أحد تحليل معناها إلا المتحابين، الحب كلمة من أكثر الكلمات ترديدا في هذه الحياة، كتب من أجلها الكتب، وغنى لها آلاف الشعراء، ولقد مر علينا آلاف القصص والروايات والأدب والشعر عن المتحابين.

ذهب أبو العاص إلى النبي صلى الله عليه وسلم قبل البعثة، وقال له:

- أريد أن أتزوج زينب ابنتك الكبرى.

فقال له النبي:

- لا أفعل حتى أستأذنها.

ودخل النبي صلى الله عليه وسلم على زينب وقال لها:

- ابن خالتك جاءني وقد ذكر اسمك فهل ترضينه زوجًا لك؟

فاحمرّ وجهها وابتسمت، فخرج النبي، وتزوجت زينب أبا العاص بن الربيع، لكي تبدأ قصة حب قوية، وأنجبت منه علي و أمامة، ثم بدأت مشكلة كبيرة حيث بعث النبي، وأصبح نبيًا بينما كان أبو العاص مسافرًا، وحين عاد وجد زوجته أسلمت، فدخل عليها من سفره، فقالت له:

- عندي لك خبر عظيم.

فقام وتركها، فاندهشت زينب وتبعته وهي تقول:

- لقد بُعث أبي نبيًا وأنا أسلمت.

فقال: هلا أخبرتني أولاً؟!

وتطل في الأفق مشكلة خطيرة بينهما، مشكلة عقيدة.

قالت له:

- ما كنت لأكذب أبي.. وما كان أبي كذابًا.. إنّه الصادق الأمين.. ولست وحدي.. لقد أسلمت أمي وأسلم إخوتي.. وأسلم ابن عمي (علي بن أبي طالب).. وأسلم ابن عمتك (عثمان بن عفان).. وأسلم صديقك (أبو بكر الصديق).

فقال: أما أنا لا أحب الناس أن يقولوا خذل قومه وكفر بآبائه إرضاءً لزوجته.. وما أباك بمتهم.

ثم تابع قائلا:

- فهلا عذرت وقدّرت؟

فقالت:

- ومن يعذر إنْ لم أعذر أنا؟.. ولكن أنا زوجتك أعينك على الحق حتى تقدر عليه.

ووفت بكلمتها له 20 سنة، ظل أبو العاص على كفره، ثم جاءت الهجرة، فذهبت زينب إلى النبي صلى الله عليه وسلم وقالت:

- يا رسول الله أتأذن لي أنْ أبقى مع زوجي.

فقال النبي صلى الله عليه وسلم:

- ابقِ مع زوجك وأولادك.

وظلت بمكة إلى أنْ حدثت غزوة بدر، وقرّر أبو العاص أن يخرج للحرب في صفوف جيش قريش، زوجها يحارب أباها، وكانت زينب تخاف هذه اللحظة.

فتبكي وتقول:

- اللهم إنّي أخشى من يوم تشرق شمسه فييتم ولدي أو أفقد أبي. ويخرج أبو العاص بن الربيع ويشارك في غزوة بدر، وتنتهي المعركة، فيُؤسَر أبو العاص بن الربيع، وتذهب أخباره لمكة، فتسأل زينب:

- وماذا فعل أبي؟

فقيل لها:

- انتصر المسلمون.

فتسجد شكرًا لله، ثم سألت:

- وماذا فعل زوجي؟

فقالوا:

- أسره حموه.

فقالت:

- أرسل في فداء زوجي.

ولم يكن لديها شيئًا ثمينًا تفتدي به زوجها، فخلعت عقد أمها الذي كانت تُزين به صدرها، وأرسلت العقد مع شقيق أبي العاص بن الربيع إلى رسول الله صلى الله عليه وسلم، وكان النبي جالسًا يتلقى الفدية ويطلق الأسرى، وحين رأى عقد السيدة خديجة سأل:

- هذا فداء من؟

قالوا:

- هذا فداء أبو العاص بن الربيع.

فبكى النبي وقال:

- هذا عقد خديجة.

ثم نهض وقال:

- أيها الناس.. إنّ هذا الرجل ما ذمناه صهرًا فهلا فككت أسره؟.. وهلا قبلتم أنْ تردوا إليها عقدها؟

فقالوا:

- نعم يا رسول الله.

فأعطاه النبي العقد، ثم قال له:

- قل لزينب لا تفرطي في عقد خديجة.

ثم تابع قائلا له:

يا أبا العاص هل لك أن أساررك؟

ثم تنحى به جانبًا وقال له:

- يا أبا العاص إنّ الله أمرني أنْ أُفرِّقَ بين مسلمة وكافر، فهلا رددت إلى ابنتي؟

فقال: نعم.

وخرجت زينب تستقبل أبا العاص على أبواب مكة، فقال لها حين رآها:

– إني راحل.

فقالت: إلى أين؟

قال: لست أنا الذي سيرتحل، ولكن أنت سترحلين إلى أبيك.

فقالت: لمَ؟

– للتفريق بيني وبينك.. فارجعي إلى أبيك.

– فهل لك أن ترافقني وتُسْلِم؟

فقال: لا.

فأخذت ولدها وابنتها وذهبت إلى المدينة، وبدأ الخُطّاب يتقدمون؛ لخطبتها على مدى ست سنوات، وكانت ترفض؛ على أمل أنْ يعود إليها زوجها، وبعد ست سنوات كان أبو العاص قد خرج بقافلة من مكة إلى الشام، وأثناء سيره يلتقي مجموعة من الصحابة، فسأل على بيت زينب وطرق بابها قبيل آذان الفجر، فسألته حين رأته:

- أجئت مسلمًا؟

قال: بل جئت هاربًا.

فقالت:

- فهل لك إلى أنْ تُسلم؟

فقال: لا.

- فلا تخف.. مرحباً بابن الخالة.. مرحباً بأبي علي وأمامة.

وبعد أن أمَّ النبي المسلمين في صلاة الفجر، إذا بصوت يأتي من آخر المسجد:

- قد أجرت أبو العاص بن الربيع.

فقال النبي:

- هل سمعتم ما سمعت؟

قالوا: نعم يا رسول الله .

قالت زينب:

- يا رسول الله إنّ أبا العاص إن بعُد فابن الخالة.. وإنْ قرب

فأبو الولد وقد أجرته يا رسول الله.

فوقف النبي صلى الله عليه وسلم وقال:

- يا أيها الناس إنّ هذا الرجل ما ذممته صهرًا.. وإنّ هذا الرجل حدثني فصدقني.. ووعدني فأوفى لي.. فإن قبلتم أن تردوا إليه ماله وأن تتركوه يعود إلى بلده، فهذا أحب إليَّ.. وإنُ أبيتم فالأمر إليكم.. والحق لكم ولا ألومكم عليه.

فقال الناس:

- بل نعطيه ماله يا رسول الله.

فقال النبي:

-قد أجرنا من أجرتِ يا زينب.

ثم ذهب إليها عند بيتها وقال لها:

- يا زينب أكرمي مثواه فإنّه ابن خالتك وإنّه أبو العيال.. ولكن لا يقربنك؛ فإنّه لا يحل لك.

فقالت:

- نعم يا رسول الله.

فدخلت وقالت لأبي العاص بن الربيع:

- يا أبا العاص أهان عليك فراقنا!.. هل لك إلى أنْ تُسْلم وتبقى معنا. قال: لا.

وأخذ ماله وعاد إلى مكة، وعند وصوله إلى مكة وقف وقال:

- أيها الناس هذه أموالكم هل بقى لكم شيء؟

فقالوا: جزاك الله خيرًا وفيت أحسن الوفاء.

قال:

- فإني أشهد أن لا إله إلا الله وأن محمدًا رسول الله.

ثم دخل المدينة فجرًا، وتوجه إلى النبي وقال:

- يا رسول الله أجرتني بالأمس واليوم جئت أقول أشهد أن لا إله إلا الله وأنك رسول الله.

فتابع أبو العاص بن الربيع:

- يا رسول الله هل تأذن لي أنْ أراجع زينب؟

فأخذه النبي وقال:

- تعال معي.

ووقف على بيت زينب، وطرق الباب وقال:

- يا زينب إنّ ابن خالتك جاء لي اليوم يستأذنني أنْ يراجعك فهل تقبلين؟

فاحمرّ وجهها وابتسمت.

والغريب أنّ بعد سنة من هذه الواقعة ماتت زينب، فبكاها بكاءً شديدًا حتى رأى الناس رسول الله يمسح عليه ويهون عليه،

فيقول له:

- والله يا رسول الله ما عدت أطيق الدنيا بغير زينب.

ومات بعد سنة من موت زينب.

لولا الحب عند البشر لكانت سنوات العمر مملة، الحب يسعد النفس، ويشرح القلب، ومتغلغل في كل ذرة من جسم الإنسان، يملأ الفراغ ويسعد الروح، الحب كلمة لها وزنها وعليها تبنى الحياة.

رجل ضرب زوجته أمام أطفاله، وتسبب لهم في الخوف والفزع، فحزنت الأم، وقالت بعد أن ضربها على وجهها وهي تبكي خوفا عليهم:

- سأذهب لأشكيك.

رد عليها قائلا:

- ومن قال أنني سأسمح لك بالخروج.

قالت:

- أتظن أنك إن أوصدت الأبواب و أغلقت النوافذ.. فإنك ستمنعني من شكايتك!

رد بتعجب:

- وماذا ستصنعين؟!

- سأتصل.

- هواتفك كلها معي.. فاصنعي ما شئتِ.

فاتجهت نحو الحمام، وحين دخلت فكر بأنها قد تهرب من نافذته،

فجرى إلى الخارج، وانتظر عند النافذة، فلم يشاهد محاولتها للخروج، فعاد إلى الداخل، ووقف عند الباب، وخرجت وهي مبتلة؛ من آثار الوضوء بابتسامتها كنقاء الماء الذي عليها وقالت:

- سأشكيك فقط عند الذي أقسمت باسمه.. فلا نوافذك ولا أبوابك و لا هواتفي التي حجبتها عني ستحجبني عنه.. فأبوابه لا تغلق.

انصرف عنها، وجلس على الأريكة صامتا؛ يفكر، ذهبت وصلت، وأطالت في السجود و هو يراقبها، وحين فرغت ورفعت يدها، خطى نحوها، وأمسك بيديها وقال لها:

- أما كفاك دعاءك عليَّ في سجودك؟

فنظرت إليه، وقالت بنبرة حانية:

- هل تراني سأكتفي بعد الذي فعلته بي؟

قال في حزن وندم:

- والله لحظة غضب لم أقصدها.

- و لهذا لم أكتفي من الدعاء لك.. والدعاء على الشيطان.. فلست غبية لأدعو على زوجي وقرة عيني.

فدمعت عيناه، وقبل يداها وقال:

- أعاهدك ألا أمسك بسوء بعد اليوم.

هذا هو الحب، وهذة هي المرأة المسلمة التي أوصانا اللهورسوله بها .

فكونوا لهن.. يكن لكم .

ومن أعظم أنواع الحب، حب الوطن وذكر التاريخ الكثير عن حب مصر، مصر التي أنجبت هاجر زوجة نبي الله إبراهيم، وأم نبي الله إسماعيل، والتي يسير شتى المسلمين على شعائرها هي وابنها في الحج، مصر التي اشترى أحد أبنائها نبى الله يوسف؛ ليعيش ويموت في مصر، مصر التى أتى إليها نبي الله يعقوب وزوجته وأولاده، مصر التي أنقذت كل شعوب الأرض من الموت جوعآ في سنوات القحط العجاف، فأطعمتهم من خيرها، فظلت صاحبة الفضل عليهم وعلى أحفادهم إلى يوم الدين، مصر التي ولد فيها نبي الله موسى، ويكلمه الله في الوادي المقدس طوى، لتكون المرة الأولى والأخيرة التي يصل فيها

صوت الله إلى الأرض ويسمعه بشر، مصر التي أنجبت السيدة آسيا زوجة فرعون، وهي أول امرأة يبني الله لها قصرا بالجنة، مصر التي نزلت بها التوراة في ألواح من السماء، وهي التي أنزل الله فيها على بني إسرائيل المن والسلوى، مصر التي اختارتها بوحي إلهي مريم بنت عمران وطفلها الرضيع نبي الله عيسى بن مريم؛ هربآ من بطش أعداء الله، فمكثت بها بضع سنوات، مصر التي ذكرت في القرآن الكريم خمس مرات صراحة، والعديد من المرات بالإشارة دونا عن سائر بلدان الأرض، وهي الوحيدة أيضا التي ذكرت في كل الكتب السماوية، مصر التي قال فيها رسول الله صلى الله عليه وسلم   "استوصوا بأهلها خيرا" عليه أفضل الصلاة والسلام.

وأكد أن جندها خير أجناد الارض، وأن شعبها في رباط جهاد إلى يوم الدين، مصر التي قال فيها عمر بن العاص:

"إن إمارة مصر تعادل كل باقى دولة الخلافة".

مصر التي خلال المجاعة في شبة الجزيرة العربية، وموت الناس جوعا، أرسل لها عُمر بن الخطاب بطلب الغوث من أهلها، ويكتب ثلاث كلمات فقط.

واغوثاه.. واغوثاه.. واغوثاه.

فيجتمع المصريين، ويقررون إنقاذ إخوانهم في شبة الجزيرة العربية، ويرسلون قافلة أولها في المدينة المنورة، وآخرها في القاهرة،ويدعو عُمر لمصر وأهلها بالخير والنماء والرخاء، مصر هي الدولة الوحيدة التي خصها الله بالأمن والأمان بطولها وعرضها، وقال جل علاه "ادخلوا مصر إن شاء الله آمنين)"

مصر الدولة الوحيدة التي توجد بها خزائن الأرض، اللهم لا تحرمنا من نعمة الوطن، وحب والوطن، والإخلاص للوطن؛ فعدم الإخلاص في حب الوطن كارثة.. عندما تكثر الجباية تشرف الدولة على النهاية.

فمن روائع بن خلدون قال:

– وعندما تنهار الدول يكثر المنجمون، والمتسولون، والمنافقون، والمدّعون، والكتبة، والقوّالون، والمغنون النشاز، والشعراء النظامون، والمتصعلكون، وضاربو المندل، وقارعو الطبول، والمتفيهقون (أدعياء المعرفة)، وقارئو الكفّ والطالع والنازل، والمتسيّسون، والمدّاحون، والهجّاؤون، وعابرو السبيل، والانتهازيون، تتكشف الأقنعة ويختلط ما لا يختلط، يضيع التقدير ويسوء التدبير، وتختلط المعاني والكلام، ويختلط الصدق بالكذب والجهاد بالقتل.

عندما تنهار الدول؛ يسود الرعب، ويلوذ الناس بالطوائف، وتظهر العجائب، وتعم الإشاعة، ويتحول الصديق إلى عدو، والعدو إلى صديق، ويعلو صوت الباطل، ويخفق صوت الحق، وتظهر على السطح وجوه مريبة، وتختفي وجوه مؤنسة، وتشح الأحلام، ويموت الأمل، وتزداد غربة العاقل، وتضيع ملامح الوجوه، ويصبح الانتماء إلى القبيلة أشد التصاقا، وإلى الأوطان ضربا من ضروب الهذيان، يضيع صوت الحكماء في ضجيج الخطباء، والمزايدات على الانتماء، ومفهوم القومية، والوطنية، والعقيدة، وأصول الدين، ويتقاذف أهل البيت الواحد التهم بالعمالة والخيانة، وتسري الشائعات عن هروب كبير، وتحاك الدسائس

والمؤامرات، تكثر النصائح من القاصي والداني، وتطرح المبادرات من القريب والبعيد، ويتدبر المقتدر أمر رحيله، والغني أمر ثروته، ويصبح الكل في حالة تأهب وانتظار، ويتحول الوضع إلى مشروعات مهاجرين، ويتحول الوطن إلى محطة سفر، والمراتع التي نعيش فيها إلى حقائب، والبيوت إلى ذكريات.. والذكريات إلى حكايات.

أسأل الله العلي القدير، أن يجعلنا متحابين في أوطاننا، هداه مهتادين، غفر الله لكم، ورفع درجاتكم في الدنيا والآخرة، وصرف عنكم كل سوء.

أسأل الله العلي القدير، أن ينير قلوبكم بالإيمان، والرضى، والعفو عما مضى، وألا يسلط عليكم حاسدا ولا حاقدا، وأن يجعل نهاركم سعيد، وعيشكم رغيد، وعمركم مديد، ويغفر الله لي ولكم ولوالدينا ولوالديكم، ويشملنا ويشملكم برحمته، ويسكننا ويسكنكم جنات النعيم.

أسعد الله حياتكم بكل خير.

الباب الثالث: الحب في الصحبة الصالحة

قال شيخ الإسلام ابن تيمية رحمه الله:

"مثل الأخوة في الله، كمثل اليد والعين، إذا دمعت العين مسحت اليد دمعتها، وإذا تألمت اليد بكت العين؛ لأجلها"

قال الحسن البصري رحمه الله:

"تواصلوا مع أصحابكم، فالصاحب الوفي مصباح مضيء، قد لا تدرك نوره إلا إذا أظلمت بك الدنيا"

قيل لرجل يحمل أخاه ويصعد به جبلا:

- هل الحمل ثقيل؟

قال: لا.. هذا ليس بحمل.. هذا أخي.

عندما طُعِن عمر -رضي الله عنه- فأتى بالحليب، فشربه، فخرج الحليب من خاصرته، فقال له الطبيب:

- أوصِ يا أمير المؤمنين فإنك لن تعيش.

فنادى ابنه عبدالله وقال له:

- ائتني بحذيفة بن اليمان.

وجاء حذيفة، وهو الصحابي الذي أعطاه الرسول (صلى الله عليه وسلم) جدولا بأسماء المنافقين، ولا يعرفهم إلا الله ورسوله وحذيفة،وقال عمر والدماء تجري من خاصرته:

- يا حذيفة ابن اليمان.. أناشدك الله هل قال الرسول اسمي بين المنافقين؟

فسكت حذيفة ودمعت عيناه وقال:

- ائتمنني على سر لا أستطيع أن أقوله يا عمر.

قال:

- بالله عليك قل لي.. هل قال رسول الله اسمي بينهم؟

فبكى حذيفة فقال:

- أقول لك ولا أقولها لغيرك.. والله ما ذكر اسمك عندي.

فقال عمر لابنه عبدالله:

- بقي لي من الدنيا أمر واحد.

فقال له:

- ما هو يا أبتاه؟

قال:

- أن ادفن بجوار رسول الله.. يا بني اذهب إلى عائشة أم المؤمنين.. ولا تقل أمير المؤمنين.. بل قل عمر يستأذنك.. أنت صاحبة البيت إن أذنت أن يدفن عمر تحت قدمي صاحبيه.

فقالت:

- نعم.. قد كنت أعددت هذا القبر لي واليوم أتركه لعمر.

فعاد عبدالله فرحا وقال:

- يا أبتاه قد أذنت.

ثم رأى خد عمر على التراب، فجلس عبدالله، ووضع خده على فخده، فنظر إلى ابنه وقال له:

- لم تمنع خدي من التراب؟

قال:

- يا أبتاه.

قال:

- ضع خد أبيك على التراب ليمرغ به وجهه.. فويل عمر أن لم يغفر له ربه غدا.

ومات عمر بعد أن أوصى ابنه فقال:

- إن حملتني وصليت عليّ في مسجد رسول الله، فانظر إلى حذيفة فقد يكون راعني في القول، فإن صلى عليّ حذيفة فاحملني باتجاه بيت رسول الله، ثم قف على الباب، فقل يا أماه ولدك عمر، ولا تقل أمير المؤمنين، فقد تكون استحييت مني.. فأذنت لي، فإن لم تأذن فادفني في مقابر المسلمين.

فحمله، ونظر في المسجد، فجاء حذيفة وصلى عليه، فاستبشر بن عمر وحمله إلى بيت عائشة، فقال يا أماه ولدك عمر في الباب هل تأذنين له؟

فقالت:

– أدخلوه

فدفن سيدنا عمر –رضي الله عنه– بجانب صاحبيه.

رحم الله عمر بن الخطاب:

ملىء الأرض عدلا، وخاف الله خوفا شديدا، على الرغم أن الرسول صلى الله عليه وسلم بشره بالجنة، فما بالنا نحن اليوم، لا يدري أحدنا أربُّه راضٍ عنه أم لا؟!. ومع ذلك نلهو، ونضحك، ولا نخاف، ولا نخشى، ولا نفكر بمصيرنا بعد الموت.

اللهم أحسن خاتمتنا، وثبتنا عند الموت، اللهم اهدنا.. ثم اهدنا.. ثم اهدنا وذرياتنا هداية لا نشقى ولا نضل بعدها أبداً يارب العالمين، اللهم اجعلنا إخوة متحابين، اجعلنا هداه مهتدين، اللهم أمطر قلوبنا بفرح من عندك لا حد له، وأمطر على نفوسنا برزق من عندك لا مد له، وخير من عندك لا عدد له، وفرج من عندك لا مثيل له.

أسعد الله حياتكم بكل خير.

الباب الرابع: الصبر

إيَّاك أن تيأس فكل الصَّابِرين قد جُبِروا.

أيوب صبر 18 سنة، يوسف صبر 13 سنة، يعقوب صبر 14 سنة، موسى صبر 40 سنة.

"سيستجيب".. فاصبر.

افعل الخير ولا تستصغر من المعروف شيئا، فلا تدري أي حسنة تدخلك الجنة، لعل تسبيحة تجبر قلبك، لعل تسبيحة تغير القدر.

قال أحد الصالحين:

تتبعت التسبيح في القرآن فوجدت عجبا، وجدت أن التسبيح يرد القدر.. كما في قصة يونس عليه السلام قال تعالى:

"فلولا أنه كان من المسبحين(143) للبث في بطنه إلى يوم يبعثون (144)"

سورة الصافات

وكان يقول في تسبيحه "لا إله إلا أنت سبحانك إني كنت من الظالمين" .

والتسبيح: هو الذكر الذي كانت تردده الجبال والطير مع داود عليه السلام، قال تعالى:

"ففهمناها سليمان وكلا ءاتينا حكما وعلما وسخرنا مع داود الجبال يسبحن والطير وكنا فاعلين"

سورة الأنبياء، الآية 79

التسبيح: هو ذكر جميع المخلوقات. قال تعالى:

"ألم تر أن الله يسبح له من في السماوات والأرض والطير صافات كل قد علم صلاته وتسبيحه والله عليم بما يفعلون"

سورة النور، الآية 41

ولما خرج زكريا عليه السلام من محرابه، أمر قومه بالتسبيح قال تعالى:

"فخرج على قومه من المحراب فأوحى إليهم أن سبحوا بكرة وعشيا"

سورة مريم، الآية 11

ودعا موسى عليه السلام ربه، بأن يجعل أخاه هارون وزيرا له، يعينه على التسبيح والذكر قال تعالى:

"واجعل لي وزيرا من أهلي(29) هارون أخي(30) أشدد به أزري(31) وأشركه في أمري(32) كي نسبحك كثيرا(33) ونذكرك كثيرا(34)"

سورة طه

ووجدت أن التسبيح ذكر أهل الجنة قال تعالى:

"دعواهم فيها سبحانك اللهم وتحيتهم فيها سلام وأخر دعواهم أن الحمد لله رب العالمين"

سورة يونس، الآية 10

والتسبيح: هو ذكر الملائكة قال تعالى:

تكاد السماوات يتفطرن من فوقهم والملائكة يسبحون بحمد ربهم ويستغفرون لمن في الأرض ألا إن الله هو الغفور الرحيم"

سورة الشورى، الآية 5

حقا التسبيح شأنه عظيم، وأثره بالغ.. لدرجة أن الله غير به القدر كما حدث ليونس عليه السلام.

اللهم اجعلنا ممن يسبحك كثيرا، ويذكرك كثيرا، فسبحان الله وبحمده عدد خلقه، ورضا نفسه، وزنة عرشه، ومداد كلماته.

هاتين الظاهرتين (التسبيح والرضا النفسي).. لم تكونا مرتبطتين في ذهني بصورة واضحة، ولكن مرّت بي آية من كتاب الله، كأنها كشفت

لي سرّ هذا المعنى، وكيف يكون التسبيح في سائر اليوم سببًا من أسباب الرضا النفسي، يقول الحق تبارك وتعالى:

"وسبح بحمد ربك قبل طلوع الشمسِ وقبل غروبها ومن آناء الليل فسبّح وأطراف النهار لعلّك ترضى"

سورة طه، الآية 130

لاحظ كيف استوعب التسبيح سائر اليوم، قبل الشروق وقبل الغروب، وآناء الليل، وأول النهار وآخره، ماذا تبقى من اليوم لم تشمله هذه الآية بالحثّ على التسبيح؟!. والرضا في هذه الآية عام في الدنيا والآخرة، وقال في خاتمة سورة الحجر:

"ولقد نعلم أنك يضيق صدرك بما يقولون(97) فسبح بحمد ربك وكن من الساجدين(98)

فانظر كيف أرشدت هذه الآية العظيمة إلى الدواء الذي يُستشفى به من ضيق الصدر، والترياق الذي تستطبّ به النفوس، ومن أعجب المعلومات التي زودنا بها القرآن، أننا نعيش في عالم يعجّ بالتسبيح:

"ويسبح الرعد بحمده والملائكة من خيفته"

سورة الرعد، الآية 13

" تُسبِح لَهُ السَّمَاوَاتُ السبع والأرض وَمَن فِيهِن وإن من شيء إلا يسبح بحمده ولكن لا تفقهون تسبيحهم إنه كان حليما غفورا"

سورة الإسراء، الآية 44

سبحانك يارب، ندرك الآن كم فاتتنا كثير من لحظات العمر عبثًا دون استثمارها بالتسبيح.. جعلنا الله وإياكم من المسبحين كثيرا.

ياودود.. ياودود.. ياودود.. يا ذا العرش المجيد.. يا فعال لما تريد.. لك الحمد ولك الشكر على جميع النعم، اللهم لك الحمد كما ينبغي لجلال وجهك وعظيم سلطانك، اللهم يا حي يا قيوم، صلي على محمد، وعلى آل محمد، كما صليت على إبراهيم، وعلى آل إبراهيم، إنك حميد مجيد.

يارب.. يارب.. يارب.. أسألك بعزك الذي لا يرام، وبملكك الذي لا يضام، وبنورك الذي ملأ أركان عرشك، يا مغيث أغثني، يا مغيث أغثني.. يا مغيث أغثني.. (ثم اذكر حاجتك) اللهم لا تشمت

أعدائي بدائي، واجعل القرآن العظيم دوائي وشفائي،أنت ثقتي ورجائي، واجعل حسن ظني بك شفائي.

اللهم ثبت على عقلي وديني، وبك يا رب ثبت لي يقيني، وارزقني رزقاً حلالا يكفيني، وابعد عني شر من يؤذيني، ولا تحوجني لطبيب يداويني.

اللهم استرني على وجه الأرض، اللهم ارحمني في بطن الأرض، اللهم اغفر لي يوم العرض عليك.

بسم الله الرحمن، الرحيم طريقي، والرحمن رفيقي، والرحيم يحرسني من كل شيء يؤذيني، اللهم إني أعوذ بك من شر النفاثات في العقد، ومن شر حاسد إذا حسد.

اللهم إني عبدك، وابن عبدك، وابن أمتك، ناصيتي بيدك، ماض في حكمك، عدل في قضاؤك، أسالك بكل اسم هو لك سميت به نفسك، أو أنزلته في كتابك، أو علمته أحداً من خلقك، أو استأثرت به في علم الغيب عندك، أن تجعل القرآن ربيع قلبي، ونور صدري، وجلاء حزني، وذهاب همي.

أسالك اللهم بقدرتك التي حفظت بها يونس في بطن الحوت،ورحمتك التي شفيت بها أيوب بعد الابتلاء، ألا تبق لي هما، ولاحزنا، ولا ضيقا،

43

ولا سقما إلا فرجته، وإن أصبحت بحزن.. فامسني بفرح، وإن نمت على ضيق.. فأيقظني على فرج، وإن كنت بحاجة.. فلا تكلني إلى سواك، وإن تحفظني لمن يحبني، وتحفظ لي أحبتي.

اللهم لا تحملني من كرب الحياة مالا طاقة لي به، وباعد بيني وبين مصائب الدنيا، وتقلب حوادثها، كما باعدت بين المشرق والمغرب.

اللهم بشرني بالخير، كما بشرت يعقوب بيوسف، وبشرني بالفرح، كما بشرت زكريا بيحيى، ربي.. ها أنت ترى مكاني، وتسمع كلامي، وأنت أعلم بحالي، ربي شكواي لك، لا لأحد من خلقك، فاقبلني في رحابك، ربي إني طرقت بابك، فافتح لي أبواب سمواتك، وأجرني من عظيم بلائك، اللهم سخر لي عبادك الطيبين من حولي، وسهل لي أموري، وارزقني من حيث لا أحتسب، ربي بحولك، وقوتك، وعزتك، وقدرتك.. أنت القادر على ذلك وحدك لا شريك لك.

اللهم إني أسألك أن ترزقني ما كان خيرا لي في ديني، ودنياي،ومعاشي، وعاقبة أمري عاجله وآجله، اللهم إني أشكو لك قلة حيلتي،وهوان أمري، وضعف قوتي، اللهم إني أسألك أن تصرف عني شتات العقل والأمر، ربي أثرني ولا تؤثر علي، ربي انصرني ولا تنصر علي،اللهم إن

كان رزقي في السماء فأنزله، وإن كان في الأرض فأخرجه، وإن كان بعيدا فقربه، وإن كان قريبا فيسره، وإن كان قليلا فأكثره، وإن كان كثيرا فبارك لي فيه، يارب في هذه الساعة، أسالك الراحة لكل مسلم ضاقت عليه دنياه، وذرفت عيناه، يا الله فرح قلوبا أنهكها التمني، وبشر أصحابها بفرح لا يذكرهم بوجعهم، وأسعد قلوبهم، وأسعدنا بصحبتهم، اللهم اغفر لوالدي، وأدخلهم جنتك يا أرحم الراحمين.

اللهم اعتق رقابنا من النار، اللهم إنك عفو كريم تحب العفو فاعف عنا، اللهم يسر لنا أمورنا بالدنيا والآخرة، وارزقنا لذة النظر إلى وجهك الكريم، وأحسن خاتمتنا ووالدينا، وارزقنا أضعاف ما نتمنى بالدنيا والآخرة.

يا رب قصدتك وأنت الكريم، دعوتك وأنت العظيم، رجوتك وأنت رب العالمين، ناديتك وأنت الرحمن الرحيم، فيا سيدي.. ويا سندي ويا من عليه أعتمد، ارحم عبداً ناداك وليس له إلا أنت، اشفنا شفاءا تاماً، وعافنا في أبداننا، وأخرجنا مِمّا نحن فيه.. من الهم، والحزن، والكرب.. فأنت الله الذي لا يرد سائلا، وأنت الله القادر على تغيير الحال لأحسنه، وأنت الله الذي أمره بين الكاف والنون، وأنت الله

الذي إذا دُعي أجاب، يا من يقول للشيء كن فيكون، أن ترحم البلاد والعباد، اللهم الطف بنا فيما جرت به المقادير، ارحمنا رحمة واسعة، وارزقنا عافية الأبدان، ونور الأبصار، يا كريم.. يا رحيم.. يا عليم.. ياربّ العرش العظيم.. يا الله.. يا حي يا قيوم.. يا ذا الجلال والإكرام.. يا خير من سئل، وأكرم من أعطى، وأجود من وهب.. أسألك بأسمائك الحسنى، وصفاتك العلا، وباسمك الأعظم الذي إذا دعيت به أجبت.. اللهم ما قسمته وقدرته في هذه الأيام الفضيلة من رحمة، ومغفرة، وسعة رزق، وعتق من النار، وطول عمرٍ، وهداية، وصلاح، وشفاء، وصحة، وتوفيق، وقبول.. فاجعل لي وقارىء رسالتي ووالديّ ووالديه، وأهل بيتي وبيته، أوفر الحظ والنصيب من هذا الدعاء، وحقق آمالنا، واستر عوراتنا، وأمن روعاتنا، واحفظنا، وفرج همومنا، ولا تحرمنا فضلك يا حي يا قيوم.

يا رب رفعت كفيّ نحو عطفك؛ داعياً، راجياً ألا ترد دعائي، يا قاضي الحاجات، يا كاشف الكربات، يا مجيب الدعوات، يا غافر الزلات..

عافنا واعفُ عنا، فرج همومنا، واشرح صدورنا، وأصلح أحوالنا،وحقق آمالنا، واشف مرضانا، وارحم موتانا، وأسعد قلوبنا، واجعلنا من

المقبولين عندك في الدنيا والآخرة، برحمتك يا أرحم الراحمين، ولكل من انتقل إلى رحمة الله، يارب أكرم نزلهم بجنة عرضها السماوات والأرض يُخيرون بين أبوابها، واجعل قبورهم رياضاً طيبة بطيب الجنة، اللهم كما طيّبت ذكرهم فوق أرضك وبين خلقك، طيّب ذكرهم في سمائك وبين ملائكتك، وأُسكنهم الفردوس الأعلى يا أرحم الراحمين، وصلي على نبينا وسيدنا محمد وعلى آله وصحبه وسلم، ربي عوضني خيرًا عن كل شيء انكسر بنفسي، وكل يأسٍ أصاب قلبي، ولا تجعل لي رجاء عند غيرك، اللهم أرني الفرح بمُستقبلي، اللهم سُر قلبي بفرحة تغنيني عن كل تعب، اللهم عوضني بالأجمل، وأرح قلبي بما أنت أعلمُ به.

يارب إنك تدرك دعواتي حتى لو لم أنطق بها، اللهم حقّق لي ما أريد؛ فأنت تعلم السر وما يخفى، اللهم فوضتك إليك أمري كله، فاجعله خيرًا بما شِئت، واجعلني يارب ممن نظرت إليه فرحمته، وسمعت دُعائه فأجبته.

يارب فرحني بشيء أنتظر حدوثه، اللهم إني متفائل بعطائك.. فاكتب لي ما أتمنى، اللهم أسعدني في أبسط تفاصيل حياتي، وقرب لي الخير، يارب لا تجعل ابتلائي في جسدي، ولا في مالي، ولا في أهلي، وسهل

على ما استثقلته نفسي، اللهم إني توكلت عليك، فأعني، ووفقني، واروي قلبي بكل أمنية أخبرتك بها، اللهم اجبر خاطري جبراً أنت وليه، فإنه لا يُعجزك شيء في الأرض ولا في السماء، وإني أسألك يارب أن تستقيمَ حياتي، وألا أضيع في زحام الطريق، وألا أخيّر بينَ أحب أشيائي، ربي أسعدني، واشرح صدري، وأرح قلبي، اللهم إنّي أستودعك راحتي، فاجعلني أسعّد خلقك.

يارب أدعوك بعزتك وجلالك، ألا تُصعب لي حاجة، ولا تُعظم علي أمرا، ولا تحن لي قامة، ولا تفضح لي سرا، ولا تكسر لي ظهراً، اللهم من كان مريضا فاشفه، ومن كان مهمُوما فأزل همه، ومن كان حزينا فأسعده، ومن كان يرجو توفيقك فوفقه.

اللهم اجعل دعواتنا لا تُرد، وهب لنا رزقا لا يعد، وافتح لنا باباً للجنة لا يسد، للهم نسألك في هذا اليوم أن تمسح عنا أوجاعنا، وتنر ظلمات ليالينا، اللهم اسقنا فرحاً، وارزقنا من كل مداخل الخير، اللهم يا قوي من للضعيف غيرك؟!.. اللهم يا غني من للفقير غيرك؟!.. اللهم يا عزيز من للذليل غيرك؟!.. اللهم اغننا بحلالك عن حرامك، واجعلنا من الفائزيّن.

اللهم اقض حاجاتنا التي لا نستطيع صياغتها في دعاء، أنت أعلم منا بها، وأقدر منا عليها، اللهم أرحني بعد التعب، وأسعدني بعد الحزن،وكافئني بعد الصبرض، اللهم إني أعيذ قلبي من وحشة الدنيا وكدرها، اللهم أزح من قلبي كل خوف يسكنني، وكل ضُعف يكسرني، وكل أمر يبكيني، قويني يا الله، ولا تفجعني في مستقبلي، ولا تُعسر أمري، وافتح لي أبوابي المغلقة.

اللهم اجبر قلبي جبراً يتعجب منه أهل السماوات والأرض، جبراً يليق بكرمك، وعظمتك، وقدرتك يا رب.

١- اللهم إنا نسألك باسمك العظيم الأعظم، الذي إذا دعيت به أجبت، وإذا سئلت به أعطيت، وبأسمائك الحسنى كلها ما علمنا منها وما لم نعلم، أن تستجيب لنا دعواتنا، وتحقق رغباتنا، وتقضي حوائجنا، وتفرج كروبنا، وتغفر ذنوبنا، وتستر عيوبنا، وتتوب علينا، وتعافينا وتعفو عنا، وتصلح أهلينا وذريتنا، وترحمنا برحمتك الواسعة، رحمة تغنينا بها عن رحمة من سواك.

٢- اللهم اكفنا بحلالك عن حرامك، واغننا بفضلك عمن سواك.

٣- اللهم إني أسألك يا الله بأنك الواحد الأحد الصمد، الذي لم يلد ولم يولد، ولم يكن له كفواً أحد، أن تغفر لي ذنوبي، إنك أنت الغفور الرحيم.

٤- اللهم إني أسألك أن ترفع ذِكري، وتضع وزري، وتُصلح أمري، وتغفر لي ذنبي.

٥- اللهم إني أسألك إيماناً لا يرتد، ونعيماً لا ينفد، ومرافقة نبينا محمد (صلى الله عليه وسلم) في أعلى جنة الخلد.

٦- اللهم حبب إلينا الإيمان، وزينه في قلوبنا، وكره إلينا الكفر والفسوق والعصيان، واجعلنا من الراشدين.

٧- اللهم توفنا مسلمين، وأحينا مسلمين، وألحقنا بالصالحين، غير خزايا ولا مفتونين.

٨- اللهم زدنا ولا تنقصنا، وأكرمنا ولا تهنا، واعطنا ولا تحرمنا، وآثرنا ولا تؤثر علينا، وارضنا وارض عنا.

٩- اللهم أقل عثراتنا، واغفر زلاتنا، وكفر عنا سيئاتنا، وتوفنا مع الأبرار، يا عزيز يا غفار.

١٠- اللهم عافني في روحي وفي جسدي، وفي قلبي وفي بدني، وفي صحتي وفي قوتي، وعافني في دنياي وآخرتي.

١١- اللهم إني أعوذ بك من عقوق الأبناء، ومن قطيعة الأقرباء، ومن جفوة الأحياء، ومن تغير الأصدقاء.

١٢- اللهم إني أعوذ بك من قلب لا يخشع، ومن دعاء لا يسمع، ومن نفس لا تشبع، ومن علم لا ينفع، اللهم إني أعوذ بك من هؤلاء الأربع.

الباب الخامس: الحب

كنت أعتقد أن العبد هو الذي يحب الله أولا حتى يحبه الله، حتى قرأت قول الله تعالى:

"فسوف يأتي الله بقوم يُحبُّهم ويُحبُّونه"

سورة المائدة، الآية 54

فعلمت أن الذي يحب أولا هو الله، وكنت أعتقد أن العبد هو الذي يتوب أولا، حتى يتوب الله عليه، حتى قرأت قوله تعالى:

"ثُم تَابَ عليهم ليتوبوا".

سورة التوبة، الآية 118

فعلمت أن الله هو الذي يلهمك التوبة؛ حتى تتوب، وكنت أعتقد أن العبد هو الذي يُرضي الله أولا، ثم يرضى الله عنه، حتى قرأت قوله تعالى:

"رضي الله عنهم ورضوا عنه".

فعلمت أن الله هو الذي يرضى عن العبد أولا.

فاللهم اجعلنا ممن أحببتهم، وعفوت عنهم، ورضيت عنهم، وغفرت لهم.

وأجمل ما قيل عن الحب، قول الرسول صلى الله عليه وسلم لمعاذ بن جبل:

"والله يا معاذ إني أحبك"

كيف نام معاذ بن الجبل تلك الليلة؟.. كيف نام عبد الله بن أويس تلك الليلة عندما أعطاه الحبيب ﷺ عصاه؟.. وقال له:

"بها أعرفك في الجنة".

كيف نام بلال تلك الليلة؟.. عندما قال له الحبيب ﷺ:

"إني أسمع دف نعليك في الجنة".

كيف نامت خديجة تلك الليلة؟.. بعدما قال لها الحبيب ﷺ:

"إن جبريل يُقرئك من الله السلام".

كيف نام أبو بكر تلك الليلة؟.. لما تنزل أمين الوحي جبريل على خير البرية وقال له:

"إن الله يقول لك أبلغ صاحبك أني راض عنه، فهل هو راض عني؟".

كيف نام أُبي بن كعب تلك الليلة؟.. بعدما قال له الحبيب ﷺ:

– "إن الله أمرني أن أقرأ عليك بعضاً من القرآن"

فقال أُبي:

– أالله سمّاني لك؟

فقال له الحبيب ﷺ:

– "نعم".

فبكى.. وبكى.. وبكى.

كيف نام هؤلاء؟!.. بل أخبروني بالله عليكم، كيف عاشوا بعدها؟!

اللهم وكما هفت قلوبنا بسماع مثل هذه البشارات، فيا رب بشِّرنا في الدنيا بسعادة تملأ قلوبنا، وراحة تسكن صدورنا، وبشِّرنا في الآخرة بالفردوس الأعلى، ومرافقة سيدنا محمد صلى الله عليه وسلم بالجنة، اللهم املأ قلوبنا لك حمدا، واكتب لنا في قلوب العباد ودا، وأمدنا من فضلك في الرزق مدًا، ولا تسلط علينا من أهل السوء أحداً، اللهم طهر قلوبنا من كل ضيق، ويسر أمورنا في كل طريق.

اللهم ألهمنا ابتسامة لا تغيب، وصبرًا لا ينفذ، وروحًا بك متعلقة، وحمدًا لك لا ينقطع أبداً.

الباب السادس: حب العبادة والتقرب إلى الله

إذا تولاك الله.. سخر لك كل شيء، ولو كان في نظرك مستحيلا،

"يا جبال أوِّبي معه والطير وألنَّا له الحديد"

سورة سبأ، الآية 10

اللهم اجعلنا ممن توليتهم برحمتك، وممن رضيت عنهم وأكرمتهم بكرمك يا رحيم يا كريم.

كن على يقين أن هناك شيء ينتظرك بعد الصبر؛ لِيُبهرك ويُنسيك مرارة الألم.. ذاك وعد ربي.

"وبشر الصابرين"

سورة البقرة، الآية 155

إليكم تلك القصة في أروع الأمثلة عن الصبر..

إنه الداعية الذي دعى الناس إلى الإسلام فوق الأرض، وعلمهم

الإسلام تحت الأرض، واعتقلته الصين خمس مرات؛ ليتوقف، ولكنه أبى إلا أن يكون داعية إلى الله!

الشيخ عبد الأحد مخدوم هو داعية مُسلم صيني أويغوري، قضى حياته مُشتغلا بالدعوة إلى الإسلام والتدريس، واعتقلته السلطات الصينية خمس مرات، وحُكم عليه بالسجن في المرة الأولى لِمُدَّة خمسة عشر عامًا مع الأشغال الشاقة؛ لِتدريسه الشريعة الإسلامية وما يُخالف العقيدة الشُيُوعيَّة، خرج من السجن لِيُواصل تدريس العُلُوم الشرعيَّة في أماكن سريَّة خاصة، حُفرت تحت الأرض دون أي اعتبار لقوانين الصين التي تحارب كل ما هو إسلامي، ومن منطلق كونه عالم دين وِداعية إلى الله.. قرر التحدي ولو كان الثمن حياته أو حريته، واستمر الحال بتخريج مئات الطلبة في العلوم الإسلامية.

اعتُقل مرَّة أُخرى خلال حملة واسعة شنتها السُلطات الصينيَّة، وشْملت آلاف العُلماء المُسلمين في جميع أنحاء البلاد، وقضى في السجن سنة واحدة وخرج؛ ليدعوا الناس إلى دين الله.

اعتُقل مرَّة ثالثة سنة 2001م، وبعد نحو شهرين أُطلق سراحه، لكنَّهُ وضع رهن الإقامة الجبرية في بيته، ومنع من الإمامة في المساجد، أو إلقاء أي كلمة في المجالس، رغم مكانته في المجتمع المسلم الصيني.

في مطلع سنة 2004م، داهمت السلطات الصينيَّة منزل الشيخ مخدوم، واعتقلته مُجددًا، وهو يبلغ من العمر آنذاك 74 سنة، ثم حكمت عليه بالسجن مدة خمسة عشرة سنة، لكنه خرج قبل انقضاء المدة، وبقي تحت الإقامة الجبرية مدة 11 سنة.

اعقتل بعدها للمرة الخامسة مع جميع أفراد أسرته في شهر تشرين الثاني (نوفمبر) 2017م، وأودع في مكان غير معلوم، رغم أن صحته كانت في ذلك الحين متدهورة جدًا.

وفي يوم الأحد 11 رمضان 1439هجرية، الموافق فيه 27 مايو 2018م، اعترفت السُلطات الصينيَّة بِوفاة الشيخ عبد الأحد مخدوم في زنزانته في السجن، وقالت أن الوفاة منذ شهور ، وأُبلغت عائلته الذين يقبعون داخل السجون أيضًا بِذلك، دون تحديدٍ لِتاريخ الوفاة تمامًا، ويعتقد أنَّها كانت في نوفمبر 2017.

اتُّهمت السُلطات الصينيَّة بِتعذيب الشيخ عبد الأحد مخدوم أثناء فترة سجنه، وقيل أنَّها اتبعت أسلوب الإهمال الطبي؛ في سبيل قتله قتلا بطيئًا، فمنعت عنه الأدوية المهمَّة الضروريَّة لِسلامته الصحيَّة طيلة فترة سجنه، حتى استشهد مستمسكا بدينه طيل حياته وحتى مماته.

لا تجعل اليأس والأحزان تكسرُك

فاليوم عسر وبعدَ العسر أفراح

واجعل من الذكرِ شيئًا تستلذ به

صبحًا وليلًا، ففي الأذكارِ إصلاح

واعلم يقيناً بأنَّ الله رازقنا

مالا وحظاً وحتى العسر ينزاح

قال تعالى:

"فَسُبْحَان اللَّه حِين تُمْسُون وَحِين تُصْبِحُون"
سورة الروم، الآية 17

لعل تسبيحة تشرح صدرك، وتذهب همك، وتدر رزقك، وتفتح مغاليق قلبك.

سبحان الله.. والحمد لله.. ولا إله إلا الله.. والله أكبر

العشر الماحيات للذنوب والخطايا والسيئات.

١ - امحها بتسبيحك:

قال رسول الله صلى الله عليه وسلم:

من قال: سبحان الله وبحمده في يوم مائة مرة، حطت خطاياه ولو كانت مثل زبد البحر .

صحيح مسلم

٢ - امحها باستغفارك:

قال رسول الله صلى الله عليه وسلم:

من قال : أستغفر الله ، الذي لا إله إلا هو ، الحي القيوم، وأتوب إليه، غفر له وإن كان فر من الزحف.

٣- امحها بهذا الذكر:

قال رسول الله صلى الله عليه وسلم:

ما على الأرض أحد يقول: لا إله إلا الله، والله أكبر، ولا حول ولا قوة إلا بالله، إلا كفرت عنه خطاياه، ولو كانت مثل زبد البحر.

٤- امحها بعد طعامك:

قال رسول الله صلى الله عليه وسلم:

من أكل طعاما ثم قال: الحمد لله الذي أطعمني هذا الطعام، ورزقنيه من غير حول مني ولا قوة، غفر له ما تقدم من ذنبه.

٥- امحها بعد لباسك:

قال رسول الله صلى الله عليه وسلم:

ومن لبس ثوبا فقال: الحمد لله الذي كساني هذا، ورزقنيه من غير حول مني ولا قوة غفر له ما تقدم من ذنبه.

٦- امحها حين الأذان:

قال رسول الله صلى الله عليه وسلم:

من قال حين يسمع المؤذن: أشهد أن لا إله إلا الله، وحده لا شريك له، وأن محمدا عبده ورسوله، رضيت بالله ربا، وبمحمد رسولا، وبالإسلام دينا، غفر له ذنبه

صحيح مسلم

٧- امحها عند الوضوء:

قال رسول الله صلى الله عليه وسلم:

من توضأ فأحسن الوضوء، خرجت خطاياه من جسده حتى تخرج من تحت أظفاره.

صحيح مسلم

٨- امحها بعد صلاتك:

قال رسول الله صلى الله عليه وسلم:

من سبح الله في دبر كل صلاة ثلاثا وثلاثين، وحمد الله ثلاثا وثلاثين، وكبر الله ثلاثا وثلاثين، فتلك تسعة وتسعون، وقال تمام المائة: لا إله إلا الله، وحده لا شريك له، له الملك وله الحمد، وهو على كل شيء قدير، غفرت خطاياه وإن كانت مثل زبد البحر.

صحيح مسلم

٩- امحها قبل نومك:

قال رسول الله صلى الله عليه وسلم:

من قال حين يأوى إلى فراشه: لا إله إلا الله وحده لا شريك له، له الملك وله الحمد، وهو على كل شيء قدير، لاحول ولا قوة إلا بالله العلي العظيم، سبحان الله، والحمد لله، ولا إله إلا الله، والله أكبر، غفرت له ذنوبه أوخطاياه، وإن كانت مثل زبد البحر.

١٠- امحها إذا قمت من نومك:

قال رسول الله صلى الله عليه وسلم:

63

من تعار من الليل، فقال: لا إله إلا الله وحده لا شريك له، له الملك

وله الحمد، وهو على كل شيء قدير.

الباب السابع: الصبر على الطاعة

لا تمل من الصبر، لو شاء الله لحققَ لك مُرادك في طرفة عين، هو لا تخفى عليهِ دموع رجائك، ولا زفرات همك، هو لا يعجزهُ إصلاح حالك وذاتك، لكنهُ يُحِب السائلين بإلحاح.

"إني جزيتهم اليوم بما صبروا أنهم هم الفائزون"
سورة المؤمنون، الآية 111

لأن الصبر عبادة، تؤديها وأنت تنزف وجعا، وعن الصبر على الصيام، كان موضوع جائزة نوبل في الطب عام 2016 للعالم الياباني بورشينوري.

حين يجوع جسد الإنسان يأكل نفسه، أو يقوم بعملية تنظيف لنفسه، بإزالة كل الخلايا السرطانية، وخلايا الشيخوخة، والزهايمر، ويحافظ على شبابه، ويحارب أمراض السكر، والضغط، والقلب، عن طريق تكوين بروتينات خاصة، لا تتكون إلا تحت ظروف معينة، وعندما يصنعها

الجسم.. تتجمع بشكل انتقائي حول الخلايا الميتة، والسرطانية، والمريضة، وتحللها وتعيدها إلى صورة يستفيد منها الجسم.

هذا ما يشبه تدوير المخلفات أو "recycling"، وصل العلماء عبر دراسات طويلة ومتخصصة إلى أن عملية "autophagy" تحتاج إلى ظروف غير تقليدية، تجبر الجسم على تلك العملية، وتتمثل هذه الظروف في امتناع الإنسان عن الطعام والشراب لمدة لا تقل عن ٨ ساعات ولا تزيد عن ١٦ ساعة، وأن يتحرك الإنسان في تلك الفترة، ويمارس حياته الطبيعية، وأن تتكرر هذه العملية لفترة من الزمن؛ للوصول بالجسم لأقصى استفادة، وحتى لا تعطي فرصة لتلك الخلايا السرطانية أن تنشط من جديد، أثناء هذا الحرمان الكامل والمتكرر يوميا، لاحظوا نشاط جسيمات بروتينية غريبة أسموها "autophagisomes"، تتكاثر في كل من أنسجة المخ، والقلب، والجسد، وتكون أشبه بمكانس عملاقة تتغذي على أي خلية غير طبيعية تقابلها، ونصحت الدراسة بعمل "starvation"، أو ممارسة الجوع والعطش يومان أو ثلاثة أسبوعياً من ٨ إلى ١٦ ساعة، وكان نبينا الكريم يصوم الاثنين والخميس من كل أسبوع، كان هذا هو

موضوع جائزة "نوبل" للفسيولوجي والطب لعام 2016 للطبيب للعالم الياباني بورشينورى أوسومي، عما يسمى بمعنى عملية الالتهام الذاتي.

اللهم اني أسألك من النعمة تمامها، ومن الصحة دوامها، ومن الرحمة شمولها، ومن العافية حصولها، ومن العيش أرغده، ومن العمر أسعده، ومن الإحسان أتمه، ومن الأنعام أعمه، ومن الفضل أعذبه، ومن اللطف أنفعه، اللهم ارزقنا الحلال، وبارك لنا فيه، وباعد بيننا وبين الحرام، كما باعدت بين المشرق والمغرب.

اللهم آمين يارب العالمين.

الباب الثامن: اعمل لآخرتك

كن على يقين أن هناك شيء ينتظرك بعد الصبر؛ لِيُبهرك ويُنسيك مرارة الألم.. ذلك وعد ربي.

"وبشر الصابرين"

سورة البقرة، الآية 155

كاتب كويتي توفاه الله، كتب مقاله بعنوان:

"عند موتي لن أقلق، ولن أهتم بجسدي البالي؛ فإخواني من المسلمين سيقومون باللازم وهو:

١- يجردونني من ملابسي.

٢- يغسلونني.

٣- يكفنونني.

٤- يخرجونني من بيتي.

٥- يذهبون بي لمسكني الجديد (القبر).

٦- وسيأتي الكثيرون؛ لتشييع جنازتي، بل سيلغي الكثير منهم أعماله ومواعيده؛ لأجل دفني، وقد يكون الكثير منهم لم يفكر في نصيحتي يوما من الأيام.

٧- أشيائي سيتم التخلص منها.. مفاتيحي.. كتي.. حقيبتي.. أحذيتي.. ملابسي وهكذا.. وإن كان أهلي موفقين فسوف يتصدقون بها؛ لتنفعني، تأكدوا بأن الدنيا لن تحزن علي، ولن تتوقف حركة العالم، والاقتصاد سيستمر، ووظيفتي سيأتي غيري؛ ليقوم بها، وأموالي ستذهب حلالا للورثة، بينما أنا الذي سأحاسب عليها القليل والكثير.. النقير والقطمير، وإن أول ما يسقط مني عند موتي هو اسمي.. لذلك عندما أموت سيقولون عني: أين الجثة؟!.. ولن ينادوني باسمي، وعندما يريدون الصلاة علي سيقولون: أحضروا الجنازة.. ولن ينادوني باسمي، وعندما يشرعون بدفني، سيقولون قربوا الميت.. ولن يذكروا اسمي، لذلك لن يغرني نسبي، ولا قبيلتي،ولن يغرني منصبي، ولا شهرتي، فما أتفه هذه الدنيا، وما أعظم ما نحن مقبلون عليه، فيا أيها الحي الآن اعلم أن الحزن عليك سيكون على ثلاثة أنواع:

١- الناس الذين يعرفونك سطحيًا سيقولون "مسكين".

٢- أصدقاؤك سيحزنون ساعات.. أو أيام، ثم يعودون إلى حديثهم.. بل وضحكهم.

٣- الحزن العميق في البيت، سيحزن أهلك أسبوعا.. أسبوعين.. شهرا.. شهرين.. أو حتى سنة، وبعدها سيضعونك في أرشيف الذكريات، انتهت قصتك بين الناس، وبدأت قصتك الحقيقية.. وهي الآخرة.

لقد زال عنك: الجمال، والمال، والصحة، والولد، فارقت الدور والقصور، والزوج، ولم يبق معك إلا عملك، وبدأت الحياة الحقيقية، والسؤال هنا.. ماذا أعددت لقبرك وآخرتك من الآن.

"يوم القيامة الجمعة الجاية"

آخر سنة 1147 أشيع في الناس بمصر، بأن القيامة قائمة يوم الجمعة، وفشى هذا الكلام في الناس قاطبة، حتى في القرى، والأرياف، وودع الناس بعضهم بعضا، ويقول الإنسان لرفيقه بقي من عمرنا يومان،

وخرج الكثير من الناس، والمخاليع الغيطان، والمنتزهات، ويقول بعضهم لبعض دعونا نعمل حظا ونودع الدنيا قبل أن تقوم القيامة"، وطلع أهل الجيزة نساء ورجال، وصاروا يغتسلون في البحر، ومن الناس من علاه الحزن، وداخله الوهم، ومنهم من صار يتوب من ذنوبه، ويدعو، ويبتهل، ويصلي، واعتقدوا ذلك، ووقع صدقة في نفوسهم، ومن قال لهم خلاف ذلك، أو قال هذا كذب.. لا يلتفتون لقوله، ويقولون هذا صحيح وقاله فلان اليهودي، وفلان القبطي، وهما يعرفان في الجفور والزايرجات، ولا يكذبان في شيء يقولانه، وقد أخبر فلان منهم على خروج الريح، الذي خرج في يوم كذا، وفلان ذهب إلى الأمير الفلاني وأخبره بذلك، وقال له احبسني إلى يوم الجمعة، وإن لم تقم القيامة فاقتلني، ونحو ذلك من وساوسهم، وكثر فيهم الهرج والمرج إلى يوم الجمعة المعين المذكور، فلم يقع شيء، ومضى يوم الجمعة، وأصبح يوم السبت، فانتقلوا يقولون فلان العالم قال إن سيدي أحمد البدوي والدسوقي والشافعي تشفعوا في ذلك وقبل الله شفاعتهم، فيقول الآخر اللهم انفعنا بهم فإننا يا أخي لم نشبع من الدنيا، وشارعون نعمل حظا ونحو ذلك من الديانات من كتاب تاريخ الجبرتي.. من الحوادث الغريبة

71

لكل شيء نهاية، الموت حق، والآخرة حق، وعليك أن تقف مع نفسك؛ تحتاج إلى تأمل، احرص على: الفرائض، النوافل، صدقة السر، عمل صالح، صلاة الليل؛ لعلك تنجو.

لماذا يختار الميت ''الصدقة'' لو رجع للدنيا، كما قال تعالى:

"رب لولا أخرتني إلى أجل قريب فأصدق وأكن من الصالحين"

سورة المنافقون، الآية 10

ولم يقل:

لأعتمر، أو لأصلي، أو لأصوم.

قال العلماء:

ما ذكر الميت الصدقة إلا؛ لعظيم ما رأى من أثرها بعد موت، فأكثروا من الصدقة.. فالكلمة الطيبة صدقة، من يُتقن فهم خفايا الكلام لا يحتاج إلى مقدمات، ومن يتقن لغة العيون.. يستطيع السماع بلا

أصوات، ومن يتقن قراءة العقول.. يصل سريعاً بلا تقاطعات، ومن يتقن مناجاة القلوب.. يلامس الإحساس بلا اقتراب، ومن يتقن احتواء الروح.. يبقى بالروح حاضراً في عز الغياب.

اللهم املأ قلوبنا لك حمدا، واكتب لنا في قلوب العباد ودا، وأمدنا من فضلك في الرزق مدا، ولا تسلط علينا من أهل السوء أحدا.

"فدعا ربه أني مغلوب فانتصر"

سورة القمر، الآية 10

أغرقت الكرة الأرضية كلها من أربع كلمات من أجل نوح، بينما امتلكها سليمان كلها بدعاء من ثلاث كلمات..

"وهب لي ملكا"

سورة ص، الآية 35

"ويسألونك عن الجبال فقل ينسفها ربي نسفا"

سورة طه الآية 105

أن القادر على نسف الجبال، وإغراق الأرض.. قادر على أن يغير الكون من أجلك فقط، ثق بربك، الله قادر أن يزيح همك، وغمك،

وحزنك، ويجبر كسر قلبك قبل أن يرتد إليك طرفك، أو أن يغلق جفنك، و أن تقوم من مقامك.

لا تبحث عن قيمتك في أعين الناس، لا تيأس من حياة أبكت قلبك، وقل يا الله عوضني خيرا في الدنيا والآخرة، فالحزن يرحل بسجدة، والفرح يأتي بدعوة، لن ينسى الله خيرا قدمته، وهمًا فرجته، وعينًا كادت أن تبكي فأسعدتها، عش حياتك على مبدأ.. كن مُحسنًا حتى وإن لم تلق إحسانًا، ليس لأجلهم بل؛ لأن الله يحب المحسن، ارخ يدك بالصدقة.. تُرخى حبال المصائب من على عاتقك، اعلم أن حاجتك إلى الصدقة أشد من حاجة من تتصدق عليه.

أسأل الله الحليم العظيم واسع الفضل، ومستحق الشكر، ومانح الأجر، وملهم الصبر، أن يفتح لنا ولكم في هذا المساء أبواب رحمته ومغفرته، وعافيته، وأن يكتب لنا في كل خطوة أجر العابدين، وفضل الشاكرين، وأن يبارك لي ولكم في أعمارنا وأرزقنا اللهم الهمنا ابتسامة لا تغيب، وصبرًا لا ينفذ، وروحًا بك متعلقة، وحمدًا لك لا ينقطع أبداً.

ختاماً..

قال الشافعي الله

وتضيقُ دُنيانا فنحسَبُ أنَّا

سنموتُ يأسًا أو نَموت نحيبا

وإذا بلُطف الله يَهطُلُ فجأةً

يُربي من اليبسِ الفُتات قلوبا

قل للذي ملأ التشاؤم قلبه

ومضى يضيِّق حولنا الآفاقا

سرُّ السعادة حسن ظنك بالذي

خلق الحياةَ وقسَم الأرزاقا

اللهم اجعلنا من العتقاء في دار البقاء، وارزقنا الطهر والنقاء، وابعد عنا الحزن والهم والبلاء، وخذ بأيدينا، فنحن في دار اختبار وابتلاء، واجعل ألسنتنا رطبة بذكرك دون رياء.

أسأل الله مالك الملك، أن يغمركم بنعيم الإيمان، وعافية الأبدان، وأن

يرزقكم رزق الشاكرين، وقلوب الذاكرين.

بسم الله الرحمن الرحيم

"وممن خلقنا أمة يهدون بالحق وبه يعدلون"

صدق الله العظيم.
سورة الأعراف، الآية 181